Ristelhueber.

Hospice de Stephansfeld.

839.

de la bibliothèque de
Jules Degermann
Ste Marie aux mines

1859

Après avoir travaillé pendant un grand nombre d'années à la création de l'hospice pour les aliénés à Stephansfeld, après avoir présidé à son organisation, j'y remplissais depuis trois ans les fonctions de médecin en chef, lorsque j'ai été destitué par M. Sers, préfet du Bas-Rhin.

Cette destitution inattendue a produit une vive sensation dans l'opinion publique. Lors de la session du conseil-général du Bas-Rhin, qui vient d'avoir lieu, la presse s'est emparée de la question de l'hospice de Stephansfeld, et le *Courrier du Bas-Rhin* a publié des articles qui ne sont point demeurés sans résultat.

En attendant que je publie un compte-rendu

scientifique et détaillé des trois années de mon exercice médical à Stephansfeld, j'ai cru utile de réunir les articles qui ont paru à ce sujet, afin que les personnes qui ont entendu parler de ma destitution sans en connaître les motifs, puissent apprécier les faits qui l'ont précédée et accompagnée, et la manière dont ces faits ont été jugés par l'opinion publique.

RISTELHUEBER,

médecin en chef à l'hôpital civil.

I.

De la désorganisation de l'hospice départemental de Stephansfeld par M. le préfet du Bas-Rhin.

L'hospice départemental pour les aliénés, établi à Stephansfeld, est une des plus belles et des plus utiles créations du conseil-général du Bas-Rhin. En ouvrant aux malheureux privés de leur raison un asile où ils pussent recevoir tous les soins que leur position exige, en consacrant à la construction et à l'ameublement des bâtiments de l'hospice une somme de plus de 400,000 fr., le conseil a donné à l'argent des contribuables une noble destination, et qui a trouvé dans l'opinion publique une approbation générale. Comme il était disposé du reste de manière à recevoir des aliénés de toutes les classes de la société, cet hospice, sous une bonne direction médicale et économique, devait bientôt se suffire à lui-même, et couvrir par l'excédant de la pension des riches l'insuffisance de la pension des pauvres.

Le choix du médecin en chef était donc le point le plus important pour la prospérité de l'établissement; car de la confiance qu'il inspirerait, de sa réputation, des succès qu'il obtiendrait, dépendait la réputation de l'hospice lui-même. Mais ici, heureusement, ce choix ne devait être ni long ni difficile; ses antécédents et l'opinion générale désignaient M. le docteur Ristelhueber, qui, depuis longtemps, était chargé du service des aliénés à l'hôpital civil de Strasbourg; qui, depuis plus de quinze ans, n'avait cessé, par des rapports, des pétitions, des écrits nombreux, d'appeler l'attention de l'autorité sur les améliorations dont était susceptible la position des aliénés de notre département; qui, par ses constants efforts, avait contribué à provoquer la création de Stephansfeld; dont les indications et les conseils avaient assisté l'architecte pendant les travaux de construction; qui enfin offrait la garantie de ses études spéciales et de ses connaissances personnelles.

M. le préfet Choppin d'Arnouville, qui n'avait pas une fort grande amitié pour les Alsaciens, hésita cependant quelque temps; on retarda la nomination sous différents prétextes, mais en réalité pour chercher à découvrir à Paris ou dans quelque autre ville de l'intérieur, un médecin qui voulût bien se charger de l'hospice de Stephansfeld, et qu'on pût y introduire sans trop de scandale. En cherchant ainsi à éloigner un médecin alsacien de cette position, on oubliait que pour que le traitement des maladies mentales puisse avoir quelque réussite, il faut que le malade ait entière confiance dans son médecin, et quoi qu'on dise, cette confiance ne s'établira jamais si le médecin ne peut converser familièrement avec le malade, et dans l'idiôme de ce dernier. Pour diriger avec succès un hospice d'aliénés en Alsace, il faut donc être Alsacien, il faut avoir connaissance des mœurs, des habitudes, de la langue et même de la psychologie locale. Mais c'étaient là des considérations qui n'avaient aucune valeur aux yeux de M. Choppin d'Arnouville; et s'il se décida enfin à nommer M. Ristelhueber, c'est parce qu'il n'avait pas trouvé ailleurs un médecin qui pût remplir sa place, c'est parce qu'il s'y vit pour ainsi dire contraint.

La nomination de M. Ristelhueber fut accueillie comme un acte de justice, et elle eut une heureuse influence sur l'établissement. En effet, M. Ristelhueber était connu par ses études spéciales sur les aliénés, il consacrait tous ses soins à la bonne tenue de l'hospice, il s'y rendait chaque jour, il y passait quelquefois une partie de la journée et même la nuit, pour tout voir par lui-même, et présider d'autant mieux à l'organisation de ce vaste service. Sous sa direction, la réputation de Stephansfeld commença à se répandre; M. le docteur Ferrus, inspecteur des hospices d'aliénés, se plut à rendre pleine justice aux efforts de M. Ristelhueber. Dans sa tournée, il cita souvent l'établissement de Stephansfeld comme un modèle; et l'un des professeurs de notre faculté de médecine qui a parcouru, il y a peu de temps, les départements du midi, a pu s'assurer par lui-même que Stephansfeld y jouissait déjà d'une certaine réputation.

C'est dans cet état de choses, et à l'aurore d'une prospérité que le temps, cet élément nécessaire de tout succès durable, devait étendre et consolider, que M. le préfet Sers trouva l'hospice départemental de Stephansfeld. M. Sers était sans doute animé du désir de bien faire; et comme il savait combien M. Choppin d'Arnouville avait soulevé l'opinion publique contre lui par ses actes, M. Sers crut peut-être entrer dans une bonne voie, en n'imitant pas son prédécesseur et en faisant partout des changements et des innovations. Toutefois, si M. Choppin d'Arnouville avait le tort immense de blesser dans ses sentiments, et de vexer gratuitement la population alsacienne, il faut cependant lui rendre cette justice qu'il n'était pas sans habileté dans les affaires d'administration, et ce n'est pas souvent sur des questions purement administratives que nous avons été dans le cas de le blâmer. Aussi grâce à ce besoin de changer et de réformer ce que son prédécesseur avait fait ou laissé faire, M. Sers est parvenu depuis deux ans à commettre une foule de fautes administratives, et à introduire le désordre dans des services qui avant lui se faisaient avec l'ordre le plus parfait.

Tel fut le sort de Stephansfeld. Mal conseillé, mal inspiré, servant peut-être d'instrument à des projets dont lui-même n'entrevoyait pas la portée, M. Sers s'est immiscé dans une foule de détails du régime intérieur de l'hospice, auxquels il devait rester constamment étranger; de là des luttes, des tracasseries journalières auxquelles M. Ristelhueber fut exposé; de là encore des atteintes portées à la considération et à l'autorité du médecin en chef; car si, dans un service médical, le médecin n'a pas la liberté d'action qui lui est indispensable, l'ordre et le rétablissement même des malades se trouvent compromis. Conçoit-on, par exemple, que M. le préfet se mêlât de décider, par arrêté, combien de fois les aliénés devaient recevoir de la viande ou du vin par semaine? qu'il voulût faire préposer une sœur hospitalière au service de la pharmacie? croira-t-on enfin que M. le préfet décida qu'en l'absence du médecin en chef, l'économe pourrait faire appliquer un moyen de répression, tel que la camisole de force ou la réclusion aux aliénés incurables, sans même prendre l'avis du médecin-adjoint présent et en permanence dans l'établissement, et que l'aliéné resterait soumis à cette punition jusqu'à décision de M. le préfet, auquel l'économe et le médecin en chef en écriraient pour s'expliquer?

Avec une pareille tendance et des prétentions aussi contraires à tout service médical, il n'y avait pour ainsi dire plus d'autorité médicale, plus de traitement sérieux possible, et pour persévérer jusqu'au bout dans cette voie d'usurpation, il ne restait plus à M. le préfet qu'à prendre un arrêté pour se nommer lui-même médecin en chef de Stephansfeld.

M. Ristelhueber protesta avec énergie contre de si étranges décisions; mais, malgré ses observations, M. le préfet ne céda pas, et il devenait évident dès lors que ce n'étaient là que des moyens employés pour pousser à bout M. Ristelhueber, et l'obliger de gré ou de force à quitter la place qu'il occupait. En effet, prenant texte des réclamations de M. Ristelhueber, M. le préfet voulut lui imposer l'obligation de résider jour et nuit à Stephansfeld, ou

de donner sa démission de médecin en chef pour accep-
ter la place de médecin inspecteur de l'hospice. M. Ristelhueber refusa la nouvelle place qu'on lui offrait, et
qui n'était qu'une sinécure; il refusa également de résider à l'hospice, car sa résidence permanente n'y était pas
nécessaire; il venait chaque jour faire sa visite; pendant
son absence il était remplacé par le médecin-adjoint, et
il remplissait aussi exactement ses devoirs qu'aucun médecin d'un hospice d'aliénés.

M. le préfet passa outre : il considéra le refus de M. Ristelhueber comme une démission, nomma médecin en
chef provisoire le médecin-adjoint, et installa comme
inspecteur de l'établissement, avec 1,800 fr. d'appointements, M. Coze, doyen de la faculté de médecine.

Ainsi un médecin éclairé, zélé, qui depuis vingt ans
s'était occupé de l'étude et du traitement des aliénations
mentales, qui avait travaillé avec tant de persévérance à
la création de l'hospice de Stephansfeld, se trouva con-
gédié du jour au lendemain par M. le préfet. C'était un
acte de despotisme administratif qui n'avait pas même de
prétexte plausible, car si M. le préfet ne voulait pas confier la surveillance de la maison, sous la direction de
M. Ristelhueber et dans l'intervalle de ses visites, au médecin-adjoint, comment se fait-il qu'il ait nommé ce
même médecin-adjoint, médecin en chef provisoire ? Et
que signifie cette sinécure donnée à M. Coze avec 1,800 fr.
d'appointements ? Quelle utilité peut avoir pour Stephansfeld une visite hebdomadaire de M. l'inspecteur, qui ne
s'est jamais occupé d'une manière spéciale de l'étude et
du traitement des maladies mentales, qui n'a aucun an-

técédent, aucune réputation dans cette spécialité? On serait tenté de croire, en vérité, que M. Ristelhueber n'a été destitué, car c'est le mot, que pour procurer une place à M. Coze, qui cependant ne manque pas de places.

Quoi qu'il en soit, voilà un an bientôt que dure cet état de choses; voilà un an que l'hospice de Stephansfeld n'a plus de médecin en chef pour le diriger; voilà un an que se trouve désorganisé un établissement que le département doit aux idées philanthropiques du conseil-général et aux sacrifices des contribuables. Et si le conseil-général, qui a toujours voué une attention particulière à l'hospice de Stephansfeld, demandait compte à M. le préfet du désordre qu'il y a introduit, qu'aurait à répondre M. le préfet? Car, quelque zélé que puisse être le médecin-adjoint, il est évident qu'il n'a ni l'expérience, ni la réputation nécessaires pour assurer le succès d'un établissement qui menace de devenir fort coûteux pour les contribuables, s'il ne parvient à se maintenir à l'aide des ressources que devait lui procurer le succès qui l'attendait. Est-ce donc qu'un administrateur devrait se laisser diriger dans ses actes par un esprit de mesquines tracasseries, ou par des influences qui le circonviennent en secret, et qui redoutent le grand jour? Ou bien M. Ristelhueber a-t-il eu aux yeux de M. Sers le même tort qu'il avait déjà aux yeux de M. Choppin d'Arnouville, celui d'être Alsacien, et de ne pas savoir s'insinuer dans la faveur préfectorale?

II.

Nouvelles preuves de la désorganisation de l'hospice départemental de Stephansfeld.

Les réflexions que nous avons publiées sur la désorganisation de l'hospice départemental pour les aliénés établi à Stephansfeld , ont engagé M. Coze à nous adresser une lettre, qui, sans doute, dans la pensée de son auteur, est une réponse à notre article. Nous publions bien volontiers cette lettre : d'abord, parce que la discussion publique nous paraît le meilleur moyen de jeter un jour complet sur la question que nous avons soulevée ; ensuite, parce que si les preuves nous avaient manqué pour démontrer jusqu'à quel point les mesures de M. le préfet ont introduit le désordre dans l'hospice de Stephansfeld et compromis son avenir , nous trouverions ces preuves dans la lettre même et surtout dans les chiffres de M. Coze.

Voici, en résumé, ce que nous avons avancé :

M. le préfet a mis le désordre dans l'hospice de Stephansfeld, en se mêlant de détails auxquels il devait rester étranger ; en prenant des arrêtés ridicules sur la quantité de viande ou de vin que devaient recevoir les aliénés , sur les punitions ou moyens de répression que l'économe se permettait d'infliger sans l'aveu du médecin ; en décidant qu'il fallait un ordre du préfet pour faire ôter la camisole de force à un aliéné, auquel l'économe l'aurait fait mettre.

M. le préfet a nui de cette manière à la considération et à l'autorité dont le médecin a besoin ; il a provoqué des luttes intestines , des tracasseries de toute espèce ;

puis, sous prétexte que M. Ristelhueber ne résidait pas à Stephansfeld, il l'a destitué, et a nommé inspecteur de l'établissement, avec 1,800 francs d'appointements, M. le professeur Coze.

La place d'inspecteur, avons-nous ajouté, est une sinécure; car si M. Ristelhueber, malgré ses antécédents et son expérience pratique dans le traitement des aliénés, ne pouvait assez faire, en se rendant six fois par semaine à Stephansfeld, et en y passant souvent la nuit, quel avantage peut retirer l'établissement d'une visite par semaine qu'y fait M. Coze, qui du reste n'a aucun antécédent et aucune expérience dans le traitement des aliénations mentales? Ainsi l'hospice, depuis un an, n'a plus de médecin en chef, et quelle prospérité peut-il acquérir dès lors, surtout quand on songe que pour un établissement de ce genre la renommée, l'expérience du médecin, la confiance qu'il inspire, sont les premiers gages du succès.

A tous ces faits, certains et précis, que répond M. Coze? Absolument rien, car ce n'est pas réfuter des faits comme ceux que nous avons cités, que de leur opposer des phrases tranchantes et des démentis qui ne sont appuyés sur aucune preuve.

Voici du reste la lettre de M. Coze :

Strasbourg, le 7 septembre 1839.

« Monsieur le rédacteur,

« Votre article de ce jour, intitulé : *De la désorganisation de l'hospice de Stephansfeld, par M. le préfet du*

Bas-Rhin, ne contient aucun fait qui justifie vos accusations, et ceux que vous citez ne sont pas toujours conformes à la vérité.

« Il est sans doute à regretter que M. Ristelhueber n'ait pas continué l'œuvre qu'il avait commencée, mais c'est à tort que vous attribuez à M. le préfet la retraite de ce médecin; les absences fréquentes du médecin portèrent l'économe à s'immiscer dans le service médical; de là des froissements et une lutte qui auraient véritablement amené la désorganisation de l'hospice; c'est alors que, prenant en considération les observations de M. Ristelhueber, M. le préfet sentit la nécessité de confier la direction de l'établissement au médecin et de ramener le comptable à ses véritables attributions.

« La résidence à Stephansfeld du médecin-directeur, exigée d'ailleurs par le règlement, devenait la première condition de cette nouvelle organisation. Le refus de M. Ristelhueber et plus tard sa non-acceptation des fonctions d'inspecteur du service médical, devaient nécessairement entraîner sa retraite.

« Ainsi M. le préfet, au lieu de désorganiser le service, a au contraire voulu donner à l'hospice une organisation plus en rapport avec le but de son institution; les résultats obtenus prouvent d'ailleurs que ce magistrat a bien compris les besoins du service.

« Lorsque je suis entré en fonctions le 17 octobre 1838, la population était de 185 malades; elle est aujourd'hui de 215.

« Il y a eu en 1838 19 guérisons; il y en a eu 17 dans les huit premiers mois de 1839; il y a eu 27 décès en 1838 sur 253 individus; en 1839, il y en a 15 sur 270.

« Le chiffre des pensionnaires payants n'est pas au-dessous de ce qu'il était l'année dernière à la même époque.

« De nombreuses améliorations ont été introduites dans la distribution intérieure de l'hospice, de nouveaux projets ont été présentés pour améliorer encore le sort des malades.

« Ces faits suffisent pour montrer que l'état actuel est loin de pouvoir être qualifié de désorganisation, et que les modifications introduites par le préfet sur l'avis de la commission de surveillance étaient le seul moyen de réformer des abus nuisibles à l'état futur de la maison.

« J'ai l'honneur de vous saluer avec considération.

« R. Coze. »

M. Coze trouve que les modifications introduites par le préfet sont fort louables et que ce magistrat a bien compris les besoins du service : ce n'est là qu'une opinion particulière de M. Coze et que M. Cose est obligé d'avoir par position ; car la première de ces modifications ayant été la création d'une place d'inspecteur à laquelle M. Coze a été nommé, il est évident que M. Coze n'eût pas accepté cette place, s'il ne l'eût pas regardée comme utile. Il est donc obligé de trouver bonnes les créations de M. le préfet, car s'il les trouvait mauvaises, il se blâmerait lui-même d'y avoir donné les mains.

Quant aux améliorations introduites à Stephansfeld depuis le nouvel ordre de choses, il eût été à désirer que

M. Coze les eût indiquées; il eût été facile de prouver que
les unes avaient été demandées et provoquées par M. Ristelhueber, et qu'on n'a fait que réaliser ses projets; pour
les autres, nous en aurions volontiers discuté l'utilité :
ainsi, pour ne citer qu'un exemple, le règlement de l'hospice ne parle que de deux espèces de pain : le pain blanc,
et le pain demi-blanc. En quoi le sort des malades a-t-il
été amélioré par l'introduction d'une troisième espèce de
pain, plus grossier que les deux premiers, et qui présente
une nourriture beaucoup moins saine?

M. Coze trouve encore que M. le préfet a raison d'exiger
que le médecin en chef de Stephansfeld y réside. Mais
alors, depuis un an que M. Ristelhueber a été destitué,
et que M. Coze inspecte l'établissement, pourquoi n'a-t-il
pas provoqué la nomination d'un nouveau médecin en
chef? Quoi! le service ne se faisait pas bien, quand M. Ristelhueber venait faire une visite chaque jour, et qu'il était
secondé par un médecin-adjoint à demeure à Stephansfeld ! Il a fallu destituer au plus vite M. Ristelhueber,
pour remédier à ce mal. Et depuis un an, il n'y a plus de
médecin en chef; et l'adjoint auquel on ne voulait pas
confier l'établissement sous la direction de M. Ristelhueber, est seul chargé de tout le service ! Et c'est là de l'ordre!
c'est là une situation digne d'éloges ! ce n'est pas la preuve
la plus évidente qu'on ne voulait que destituer M. Ristelhueber, sans s'inquiéter de la manière dont se ferait le
service après lui.

Et d'ailleurs, est-ce sérieusement que M. Coze peut
approuver que le médecin en chef de Stephansfeld soit
tenu d'y résider ? Sa présence continuelle n'y est pas plus

nécessaire que celle d'un médecin ou d'un chirurgien de l'hôpital civil dans ses salles; on n'a jamais songé nulle part à exiger des médecins la résidence dans les hôpitaux auxquels ils sont préposés, parce que cette contrainte eût été absurde. Est-ce pour prévenir des conflits entre le médecin et l'économe? Mais un économe n'est qu'un employé subalterne, qui doit exécuter les ordres que lui donne le médecin, et qui ne peut se permettre de les contrarier, s'il ne se sait soutenu au-dehors par quelque puissante protection. Enfin, où trouvera-t-on, dans la France entière, un médecin capable, qui inspire et qui mérite la confiance publique, et qui consente avec 4,000 fr. d'appointements à se claquemurer pour toute sa vie dans les bâtiments de Stephansfeld? Pour avoir, avec de pareilles conditions, un médecin habile, il faudrait lui donner 15,000 fr. d'appointements au moins. M. Esquirol, qui jouit d'une si vaste réputation, réside à Paris et non à Charenton; il s'y rend deux ou trois fois par semaine, et l'on cite son service comme un service modèle. M. Ristelhueber aussi n'avait accepté qu'à la condition de ne pas résider à Stephansfeld, et M. Choppin d'Arnouville y avait souscrit. Pourquoi ce que M. Choppin d'Arnouville tolérait, et ce qui était réellement sans inconvénients, M. Sers a-t-il voulu tout à coup, sans motifs réels, le changer?

Enfin, et c'est là ce que M. Coze croit sans doute de plus démonstratif dans sa lettre, il cite des chiffres; en octobre 1838, il y avait 185 malades, il y en a 215 aujourd'hui, et ajoute-t-il, le chiffre des pensionnaires payants n'est pas au-dessous de ce qu'il était en octobre 1838.

Et voilà ce qui prouve précisément la déplorable position financière de l'hospice de Stephansfeld. En effet, il y a à Stephansfeld deux sortes de malades : les uns qui y sont placés par les communes, les départements, les hospices, etc.; les autres placés là par leurs familles. Pour ceux de la première classe, les communes ou les département payent une pension modique de 80 c. par jour, souvent même de beaucoup moins, 50 c., 40 c., 30 c. Ceux de la seconde classe payent 600 fr. par an, 900 fr. ou même 1,200 fr. Or, grâce à l'admirable régime économique de Stephansfeld, la journée de malade coûte à l'établissement 1 fr 23 c., tandis qu'elle devrait coûter au plus 60 à 70 c. Il en résulte que la somme que les communes ou le département du Haut-Rhin, par exemple, payent pour leurs aliénés, ne couvre pas la depense; que l'aliéné coûte à Stephansfeld souvent plus du double de ce qu'on paye pour lui, et qu'il y a dans la caisse de l'établissement un déficit plus ou moins considérable que le conseil-général est obligé de combler avec le produit des centimes additionnels qu'il impose aux contribuables.

Pour que ce déficit diminue, disparaisse, pour que l'établissement prospère, il faut que le nombre des pensionnaires aisés, payant 600, 900 ou 1,200 fr., augmente; car ceux-ci coûtant moins qu'ils ne payent à l'hospice, l'excédant de leurs pensions couvre l'insuffisance de la pension des pauvres. Mais l'hospice ne peut atteindre ce but qu'autant qu'il a une réputation bien établie au loin, qu'autant que le médecin qui le dirige jouit d'une grande confiance, par son expérience et ses travaux antérieurs. Et c'est précisément cette réputation que Stephansfeld perd par l'ordre de choses actuel; et c'est pour cela que les familles aisées ne lui confient pas leurs malades. Il y a aujourd'hui trente malades de plus qu'en 1838; mais ces trente malades sont des pauvres qui payent peut-être 40, 50 ou 60 cent. par jour à l'hospice, tandis qu'ils lui coûtent 1 fr. 25 c. Chaque pauvre de plus augmente le déficit, tandis que chaque riche de plus contribue à le combler. Les pensionnaires pauvres ont augmenté, tandis que le chiffre des pensionnaires aisés ne s'est pas accru et a diminué au contraire, et c'est ce dernier chiffre seul qui indique la prospérité d'un établissement, car il montre le degré de confiance qu'il inspire.

Ce qui prouve d'ailleurs clairement combien Stephansfeld est dans une mauvaise situation financière, c'est que le déficit qui était de 15,000 fr. l'année dernière, est de 50,000 fr. cette année; il a doublé; et les contribuables sont obligés de combler ce déficit qui n'a d'autre cause qu'une administration peu économique de l'hospice, et le déclin de son crédit naissant, faute d'une direction médicale qui jouisse de quelque renommée.

Les chiffres de M. Coze démontrent donc évidemment ce que nous avons avancé, que la désorganisation du service médical conduit l'établissement à sa ruine, et que depuis un an Stephansfeld a déjà beaucoup perdu. Nous ne relèverons pas les autres chiffres sur les guérisons et la mortalité que M. Coze a cités; il ne faut pas s'être occupé beaucoup de statistique médicale pour avoir le droit d'affirmer que ces chiffres n'ont aucune valeur, aucune portée scientifique. On ne compare point la mortalité des huit premiers mois d'une année, avec celle d'une année entière; car l'automne apporte un contingent plus fort que l'été à la liste des décès. M. Ristelhueber ayant été destitué au mois d'octobre 1838, il n'y a que dix mois de cette année qui puissent compter pour son service, et non l'année entière comme le fait M. Coze. Enfin les aliénés meurent souvent de maladies accidentelles, indépendantes de leur aliénation; le rapport des décès aux malades n'a donc quelque valeur, pour les aliénés, qu'en tenant compte des causes de la mortalité, ce que M. Coze a oublié de faire. Ce sont du reste là des observations très-élémentaires sur la statistique médicale, et que M. Coze, doyen et professeur à la faculté de médecine, appréciera aussi bien que nous.

P. S. L'article qui précède était composé, quand nous avons reçu de M. de Schauenburg, membre de la commission de surveillance de l'hospice de Stephansfeld, la lettre suivante qui relève deux graves erreurs commises par M. Coze. Cette lettre établit qu'il y avait sous M. Ristelhueber vingt-neuf pensionnaires payants à Stephansfeld, et qu'il n'y en a plus que vingt-deux aujourd'hui, tandis que M. Coze prétendait que leur nombre n'avait pas diminué. Cette ignorance de M. Coze sur ce qui se passe à Stephansfeld, prouve une fois de plus que la place d'inspecteur est une sinécure, très-inutile à l'établissement, et que les visites hebdomadaires qu'y a faites M. Coze ne lui ont guère servi à s'éclairer sur la véritable situation des choses.

Geudertheim, le 9 septembre 1839.

« Monsieur le rédacteur,

« Si mon devoir ne m'oblige pas, à raison de la part de responsabilité qui me revient, comme membre de la commission administrative de l'hospice départemental de Stephansfeld, à relever les erreurs qui peuvent se trouver dans de simples articles de journaux, je dois les relever, lorsqu'il s'en rencontre dans des lettres publiées par des personnes exerçant un emploi dans l'établissement même, et il y en a deux dans la lettre qui vous a été adressée par M. le docteur Coze.

« L'arrêté du 16 octobre 1838, qui a attribué au médecin en second les fonctions de médecin-*directeur*, qui n'avaient pas existé jusqu'alors, au lieu de lui attribuer seulement les fonctions intérimaires de médecin *en chef*, a été pris et maintenu, en ce point, *contrairement* à l'avis de la commission et malgré ses instances pour en obtenir la modification.

« A la date de cet arrêté, il existait à l'hospice de Stephansfeld :

« Un pensionnaire à 1,200 fr.

« Onze pensionnaires à 900 fr.

« Et dix-sept pensionnaires à 600 fr.

« Il n'y existe plus aujourd'hui que :

« Un pensionnaire à 1,200 fr.

« Neuf pensionnaires à 900 fr.

« Et douze pensionnaires à 600 fr.

« Je vous prie de vouloir bien insérer la présente rectification dans le plus prochain numéro de votre journal.

« Je suis, etc.   DE SCHAUENBURG. »

III.

On assure que M. le professeur Coze a donné sa démission des fonctions de médecin inspecteur de l'hospice des aliénés de Stephansfeld. Il eût été en effet difficile qu'en présence des révélations qu'a produites la discussion soulevée à l'occasion de cet hospice, M. Coze continuât à occuper une place qui n'était qu'une sinécure, comme l'ont prouvé, mieux encore que nos raisonnements, les erreurs étranges que contenait la lettre de M. Coze, et qui ont été réfutées par M. de Schauenburg.

Mais il ne suffit pas qu'une sinécure soit supprimée dans cet établissement; il faut encore que le service médical y soit réorganisé, de manière à ramener la confiance publique; il faut aussi que le service d'administration soit établi sur d'autres bases, afin que la journée d'un aliéné ne coûte plus 1 fr. 23 c. à Stephansfeld, tandis qu'à l'hospice de Maréville près de Nancy, elle n'était que de 70 centimes sous l'administration des sœurs de Saint-Charles, et qu'elle n'est encore que de 95 centimes depuis que le ministre de l'intérieur a forcé les hospices de rompre le traité qu'ils avaient conclu avec les sœurs. Cette différence provient uniquement du régime économique vicieux sous lequel se trouve l'hospice de Stephansfeld. Aussi Maréville compte-t-il près de 700 malades, tandis que Stephansfeld n'en a que 215; la somme des pensions payées en 1838 pour des aliénés aisés placés à Maréville a été d'environ 70,000 fr., tandis que les pensionnaires qui se trouvent en ce moment à Stephansfeld

sont en très-petit nombre, et ne payent ensemble que
16,5oo fr.

Le conseil-général du Bas-Rhin a dû s'occuper avec
une vive sollicitude de cette question dans sa dernière session, car il a été appelé à voter une allocation de 3o,ooo fr.
sur le budget départemental, pour combler le déficit du
budget de Stephansfeld. Nous saurons, lorsque nous au-
rons entre les mains les procès-verbaux des séances du
conseil, quelle décision il a prise dans l'intérêt de l'avenir
de cet hospice; mais nous doutons fort qu'il ait pu prendre
un parti définitif : car un régime économique qui doit re-
poser sur l'appréciation et la connaissance d'une foule de
détails d'intérieur ne s'improvise pas dans une session de
quelques jours ; il faut que l'administration supérieure
qui a tous les éléments et tous les documents entre les
mains, prépare avec maturité un pareil travail, afin que
le conseil-général n'ait plus qu'à le discuter et à lui donner sa sanction.

C'est donc à M. le préfet qu'est remis le soin de pré-
parer la réorganisation économique de Stephansfeld ; s'il
veut rechercher et détruire les abus qui y existent, en ayant
soin toutefois de ne pas en créer de nouveaux, il aura une
tâche assez pénible à remplir. Mais ce n'est pas exiger
beaucoup de lui que de demander qu'il contribue à réparer
le tort que de mauvais conseils et de fausses mesures lui
ont fait faire depuis un an à l'hospice de Stephansfeld.

STRASBOURG, IMPRIMERIE DE G. SILBERMANN.